Dem Indianerhäuptling Seattle gewidmet

Karel Appel

**Der Machtwille der Planeten
Ich bin der Planet
Du bist der Planet
Wir sind die Planeten**

Gedichte aus den Jahren
1941–1996

*aus dem Holländischen,
Französischen und Englischen
von Markus Jacob*

Verlag Gachnang & Springer
Bern – Berlin

Avertissement

Gedichte schreiben sei die strengste Disziplin, sagte einst Cocteau im Gespräch mit Aragon. Ich glaube ihm, denn ich weiss wovon er spricht. Gedichte habe ich selbst nie geschrieben, und bisher auch noch nie kommentiert. Inzwischen habe ich aber gelernt, sie mit Freude zu lesen, dank dem Auftritt von H.C. Artmann 1994 in Frankfurt zum 10jährigen Geburtstag unseres Verlags. Dieser Abend offenbarte mir, wie mit Gedichten umzugehen ist.

Karel Appel bat mich, unsere Auswahl seiner Gedichte als Freund und Verleger zu begleiten. Laut lesen sollte man ein Gedicht, doch wo finden wir den richtigen Ort und die Musik für den Vortrag? Höre ich das Wort Gedicht, dann fällt mir dazu nur ein Ambiente ein, das Algonquin-Café in New York. Aber wer hätte Appels Gedichte für ihn dort vorgetragen?

Mit seinem belgischen Freund, dem Dichter Christian Dotremont, hat er gemeinsam, wie zwei alte Chinesen, auf dem Boden liegende Papiere und Leinwände mit langen Pinseln und schwarzen Tuschen bezeichnet und bemalt. Gerne hätte ich ihn Karels Gedichte vortragen hören und zwar in Brüssel. Da hätte es nur einen dafür geeigneten Rahmen gegeben: das Café der Brasserie «La mort subite» im Beisein von Marcel Broodthaers.

Einmal war ich persönlich dabei, als ein junger italienischer Dichter in der dramatischen Szenerie eines leerstehenden Travertinsteinbruchs am Sonnwendfest des Jahres 1997 die Zeilen Karel Appels, gleich einer Lautmalerei, durch die klare Nacht der Toskana ziehen liess. Ein herrlicher Abend, nicht poetisch, aber voller Poesie und Kultur!

Johannes Gachnang

Liefde 1941

Liebe

In dieser dekadenten, geldbesessenen Zeit
leb ich mit ihr wie in einer Welt
aus Blumen und aus Schmetterlingen
jedoch mit einer geistigen Kraft
– der Spannkraft eines Löwen gleich –
mächtig wie das Herz des Tigers
in seiner Gebundenheit
Oh das nach Reinheit hungernde Herz
Oh der nach Trubel hungernde Trieb
niederen Leidenschaften zu frönen
und die Gewalt sich ausleben zu lassen.

Verloren liefde 1942

Verlorene Liebe

Feucht ihre jungfräulichen Lippen wie angegossen
an meine in vollkommener Einheit;
nie bin ich so verliebt gewesen.
Einen langen grossen Liebestag habe ich gelebt;
nie werde ich solche Harmonie, solche Vollkommenheit
vergessen. Fortwährend küsste ich sie lang
und leidenschaftlich
unaufhörlich. Oh wie ich das alles nun, ich weiss nicht
wie, zurücksehne.
Liebe der ich aus tiefster Seele zugetan bin, umherirrend,
umhergetrieben auf den Meeren meiner Sehnsucht.
Masken spitz wie Speere durchbohren den Kern meines
Wesens, geknickte Rose aus meiner Vergangenheit,
visionäre Jungfräulichkeit meiner Gedanken.
Ich träume ewig von dir,
ohne Unterlass werde ich an dich denken.

De rijkgeworden nacht 1943

Die neureiche Nacht

Ein Flüstern hiess die reich gewordenen Schönen kommen
Leben und Tod küssen sich auf die Lippen
die Nachtsee segelt vom All angezogen
Urzelle und Schaufenster des Leibs beraubt
– abgezehrt –
geschrumpft bis zum Tod
die Liebe starren Blicks
daran zerschellt das Knisterhaupt
die Früchte gottgleich getrunken
die blinde Nacht befrachtet mit Tod.

Het rode meisje 1943

Das rote Mädchen

Traummädchen
grosse verwunderte Fragen
dunkelbraune Augen
funkelndes Seelenleben
Kranz der Wimpern
dunkelgrün – dunkelbraun
Ovale gelbe Säule
gelber Kreis
rosenrot
rotes Rot
rot
Flächen schieben Bahnen
schneiden schräge Rauten
Säulen stützen
heben
tragen klare Flächen
geben Rhythmus – gaben Rhythmus
Perlen
Kringel sägen
blähen auf die Wangen – gelbe Wangen
rot.

Nacht licht vrouw 1944

Nacht Licht Frau

Laternenpfahl eure Nacht verbindet die
zähe Bekanntschaft
Frau Haarspange Blumenkohlhände
Daheim stösst nirgends dieses unvermutete Leben an.
Büro die Bank die Autos und die Strassenbahn
die Melodie die
nimmermehr soll sterben;
Das Leben kloppt
Das Grab leistet Widerstand
Untrüglicher Beweis hat Platz gemacht jahrhundertealter
Hoffnung, der höchsten menschlichen Kraft entblösst in
ewiger
Ungebundenheit.

Het zolderlicht 1944

Das Estrichlicht

Gelbe Ovale, gebogenes Rosé, blaue Flecken, blonde Linien
flaumige Federn um das Licht, gebundene Spannung
Tisch, Tischfuss, Kringel der Gleitung gemasertes Holz
verschossene Ungestalt
Nachtschmetterling fliegt, Schatten auf goldenem Oval in dem ich
mich selbst sehe in schrägen Balken.
Licht, Dunkel, Weiss, Schwarz, Grau, weisse Ränder, schwarze Ecke
Himmelsraum, Mond mit Sternen, brauner Schrank.
Bücher zickzack, schwarze Flecken, weisse Ferne abstrakte Schönheit.

Het begin en ontbonden zijn 1945

Anfang und Zersetzung

Sie faltet von innen Aug und Küche
Traum um das Herz
Mikroben sind zerfallen
geborenes Korn wiedergefunden
im Land der eis-ovalen Nacht

die Pause müde der Filmnews und der
Zurückgebliebenen das gläserne Leben geht
an den Pfaden
des Weltalls vorbei
seufzende Ränder
Verrat verlangen
vergehen und ruhen
du kommst zu spät
– Fehlstrich, sowenig wie inwendig –
das Herz fällt tief
verschwundener Zeitgenoss
der Eingang schaut und bricht
Gedanken prallen nirgends ab
Anfang und Ende.

Denkende ruimte 1945, Amsterdam

Denkender Raum

Länge wogend Fensterrahmen
Bumerang des Denkens
schwebende Stille im lautlosen Nichts
ungreifbare Flächen gebogen zum Licht
Mystik des Lebens
Blume der Gedanken
erwachet in eurer Umfangenheit.

Elektrische nacht 1945, Amsterdam

Elektrische Nacht

Umgebener Wald und Ofen Seide verbrauchte Lumpen
seiner Zeitgenossen
signalisieren Strömungen Macht dringen ganz erstaunt
durch
propere Stückchen Verlassenheit.
Unaufhörlich ebenbürtig Glück und Schmerz.
Wirkungsvoll schneidet die heutige Nacht stetig
in Kraftströme Hälften.
Behender Akrobat stiller Estrich Leimtopf Schere
Puppendoktor
hinter den Garben, Länge schneidet Körper, sich plagen,
vergessen
des andern Aug und Trän.
Spähten fremde Wesen Gatte Widerstand entkommt,
Verkehr und Kraft.

Hongerwinter 1945

Hungerwinter

Ich wollt ich wär ein Vogel
und flöge über Felder
die kein Bauer je bestellt
und kein Pferd je gepflügt hat
wo kein Mensch je in Militärlagern seufzte
nur Vögel flogen frei darüber

Ich wollt ich wär ein Vogel
und nicht das Kaninchen das ich aufass
um meinen Hunger zu stillen

Als die Menschen Uniformen anzogen
waren sie keine Menschen mehr
und hatten keine Gesichter mehr
aber die Vögel flogen frei darüber
die Krähe (nicht das Kaninchen) und die Amsel
ich wollt ich wär ein Vogel

De ijzeren nacht 1945

Die eiserne Nacht

In der Ferne irrt ein Punkt auf einer Glasscheibe
flachgebogen – bis zum Nichts

ebonitene Frau und rotes Abendlicht
bis zum Harnisch der Nacht

Traum der mit der Sternenfläche erwacht
darstellende Linie im Nichts und im Sein.

Het kristallen venster 1946

Das Kristallfenster

Ich kenne die Sehnsucht, die Sehnsucht nach
fernen Städten
nach der Bucht von San Francisco
ich kenne die Sehnsucht nach den Ozeanen, den Ozeanen
die in fremde Welten spähen,
ein versteinertes starrendes Verlangen.

Ich kenne die Sehnsucht nach vergangener Liebe, eine
Sehnsucht
nach der Urliebe der Frauen
nach dem Vorleben der Meere und Strände
ich kenne die Sehnsucht nach der Trommel,
der Stimme Saras,
den Flötenklängen die ihre Schenkel überfluten,
dem blauen Pulver das unter dem schweren
Horizont vermodert.
Eine graue Sehnsucht voller Leere
das Nebelhorn, der Kai, die Kräne
die rauhen Stimmen
die tanzenden Gläser
Mädchen in Spitzen
Kopfsteinpflaster.
Ich kenne die Sehnsucht nach der verlorenen Begierde
der vergangenen Jugend
den Schatten an der Wand
dem Treiben in der Dachkammer
den Vögeln die die Sonne anpfeifen
und den Knospen die Blumen wurden.

Ich kenne die Sehnsucht
nach der lieblichen Trompete,
den Klängen von Bix Beiderbecke
den Gerüchen des nächtlichen Harlem
den Flaschen der Verzweiflung in Greenwich Village
der Brust voll heiserer Stimmen.

Ich habe Sehnsucht
nach einem Radar,
nach einem Seismographen,
das Verlangen nach einer Rakete
die eins wird mit
dem All, mit dem Nichts.

Ich kenne die Sehnsucht
nach unserem kurzen Aufenthalt auf dieser Erde
ich kenne die Sehnsucht
nach Kindergeplärr
und den Schmerzen der Frauen
ich kenne die Sehnsucht
nach dem verborgenen Verlangen
nach der Angst voll
bleischweren Kummers
die Sehnsucht nach
dem zersplitterten Zusammensein.

Gekke praat 1947

Irres Geschwätz

Irr ist irr
irr sein ist irren
irr sein ist alles
alles sein irr
nicht irr sein ist alles
alles sein ist nicht irr
nichts sein ist irr sein
irr sein ist nichts
alles ist irr
irr ist alles
da doch alles irr ist
ist irr doch alles
doch nicht irr sein ist irr sein
nichts ist doch irr
nicht-irren ist irren
irren ist doch nicht irr
irr ist irr
irr irr irr.

Klagende stenen 1947

Klage der Steine

Steine brocken Eisen stücken
Stahle stachen Steine ächzen
Mauern stöhnen stücken stachen
Brocken brechen
Peitschendes Nass trieft durch die Maschen.
Alles brach und bricht in Stücke
Splitter flogen fliegen Flaggen
schlingernd sprühend spritzen kaputt
Rote Klage zwischen grünen Blasen
blüht einsam
Schönheit unter Schutt.

Streetpoem 1957

Strassengedicht

New York das ist meine Stadt
New York das ist meine Stadt
und ich schreib es auf
mit einem Stück Kreide
gross wie die Freiheitsstatue
auf alle Mauern
in allen Strassen
New York is my kind of city
New York is my kind of city
und als die Kreide alle war
schrie ich von neuem:
New York das ist meine Stadt
New York das ist meine Stadt

Vliegende vrouwen 1964

Flug der Frauen

Sie schwebt
sie ist ein Geschöpf dieser Erde
körperlich erschaffen
durch die Natur geformt
XY-Chromosomen und ein Mysterium –
aber wie ein Vogel oder ein Schmetterling:
wird sie immer weiterfliegen
und sich treiben lassen
hin zur Begierde
derselben
die dich verzehrt
wird immer über dir kreisen
sich befruchten lassen
nahbar
zur Vereinigung bereit
und wieder davontreiben
Das ist das Drama
der Mann mit seinem gierigen Geschlecht
das den Schmetterling
den Vogel
überlisten will
ihn aufspiessen – ihn besitzen –
ihn haben – halten will –
das Unmögliche
Das ist die Tragik
die uns aufwühlt
ein Gefühl, als bliebe uns
die Brust – das Herz – der Magen

in der Kehle stecken
dafür gibt es keine Worte
immer wird sie weiterfliegen
ein Tanz ein Ballett der Wind
der Raum ein Atemholen
ein Blick in die Augen
bis die Sonne hinter dem Horizont
bis das Licht in deinen Augen stirbt
und es ihm kommt, dem Leben
der Höhepunkt – das Ende
bloss einmal setzt sie endgültig auf
auf dem Boden
wenn sie stirbt
KOMM MUTTER ERDE
ENTER MY FAT HEAVEN

Oiseau guerrier 1974, Paris

Kriegerischer Vogel

der Vogel hat die Schlacht verloren
und ist in den Wald geflüchtet
Elende Nacht
der Stahlvögel
unter eiligen Wolken
Das Schwert des Vogels ist zerbrochen

Oiseau fou 1974

Verrückter Vogel

Dort hinten im roten Park
stolzieren die weissen Vögel
mit ihren rosigen Wangen
farblosen Augen – zwischen ihren Beinen
hüpft der rotbackige Vogel
Schneller und schneller trommeln seine Füsse
auf das Wasser
Anmutiger als die Farben ist sein Vogelkörper

Oiseau doré 1974

Goldener Vogel

Furchtlos ruht der Vogel
in seinem goldenen Mantel
über dem goldenen Vogel flattern
die Blumen
goldene Vögel flattern
über den Stränden
wie Schmetterlinge ohne Blumen.

Oiseau ardent 1974

Glühender Vogel

Heiss ist der Tag
immer noch kreisen die Vögel
ohne mit den Flügeln zu schlagen
das Flüstern der Bäume
Kühl ist die Nacht
immer noch kopulieren die glühenden Vögel
den Gestaden der Nacht entlang

Oiseau jouet 1974

Spielzeugvogel

Gib mir doch einen Vogel
Gib mir doch einen Teich
voll gigantischer Vögel
Wasser ohne Wellen
voll delirierender Vögel
denen ich nicht folgen will
den spielenden Vögeln

Oiseau sentimental 1974

Sentimentaler Vogel

Mein Vogel sträubt seinen Schwanz
Mein Vogel kniet auf der Strasse
und küsst die Pfoten meines Hunds
Tief hängen der Himmel und die Äste der Bäume
Mein Vogel schwankt
mit hängendem Kopf
Mein Vogel weint auf der Strasse

Oiseau solitaire 1974

Einsamer Vogel

Wenn ich ein Vogel wäre
so würden sie sagen
Er fliegt einsam und allein
würden sie sagen
Er fliegt durch die Nacht
Ich fliege höher und höher
bin gar kein Vogel mehr

Amsterdam 1976

Amsterdam

Stadt des Ostens und des Westens
in meinen Erinnerungen stehst du vor mir
Stadt der Märkte und der Schiffe
der Häfen und der Meere
der Kräne und Kaschemmen
der Grachten und der Gerüche
geduckt hinter der Wildnis der Dünen
kaum über die rauhen Wellen ragend
kauernd unter dem schweren schwarzen Himmel
durchtränkt von Wasser
tief in der Luft hängend
als würdest du festgehalten
von unsichtbaren Händen
um nicht von den Stürmen verschlungen zu werden
die sich auf dich stürzen
wie ein roher liebestoller Gespiele

Stadt meiner Jugend
unter dem Meeresspiegel, niedriger als die See
die dich umlagert mit ihrer brüllenden Liebe zu dir
Alte Stadt meiner Träume
weiss verschneit
wo ich an einer alten Gracht lebte
mit meiner ersten Liebe
Schmale Strassen voller Licht und Musik
Gassen in denen die schönen Mädchen
ihre Lust ausgaben
wie kreisende Ventilatoren

in die Düfte der Abendbrise.
Magische nordische Stadt aus lauter Inseln
regiert von Meer und Wolken
geheimnisvolle Stadt in der ich wohnte.

Mein altes Viertel
wo dunkelrotes Licht
ein roter Schnee
den Lärm verstummen liess
die Kinder der Lust die
wie himmlische Engel vor den neonflackernden Mauern
ihre Schönheit zur Schau stellten
in schimmerndem Rosa und Zitronengelb
im Treiben der eiligen Passanten
Da wohnte ich mit den zarten Gelb- und Blau-
und Rosatönen
in der nächtlichen Mondscheinstille

Mystische Stadt zwischen Himmel und Wasser
nie werde ich dich vergessen
du orientalische Stadt im Norden
wehmütige Melodien
das Wogen der Akkordeonklänge
Heimweh nach stillen Stränden
die vor der Stadt liegen
als ihre stummen Wächter

So liegst du da Stadt
in deinem Rembrandtschen Licht
mit deinen Van Goghschen Kartoffelessern
deinen «fragenden Kindern»

wie ein Nest voller Lämpchen
umgeben von Wasser
und ein verliebter Reiter
umarmt deine Mauern.

Der Jordaan wo meine Mutter geboren wurde
(der Vater war ein Inseljunge)
und wo es von Märkten mit Spezereien wimmelt
wo die Fische in die Körbe sprangen
und die Passanten durch neblige
trüb beleuchtete Strassen tanzten
Das warst du – die Traumstadt meiner Jugend
wo Himmel und Erde verschmolzen.

Manhattan Frühling 1978

Manhattan

Weltstadt
Ich rieche dich. Ich sehe dich.
Ich spüre dich. Du Stadt der
Welt, du Stadt des Lebens
wo der stahlblaue Himmel
und der Ozean sich berühren,
und du dazwischen
wie eine grosse unmenschliche Möwe,
deren langer vorstehender Schnabel
den stahlblauen Himmel und das Meer
spaltet wie ein Speer.

Stets bereit, abzuheben
in den nackten Himmel mit all deinen
gleissenden Neonfarben auf deinem
Bauch und den Kindern, die auf deinem langen
Schnabel sitzen.
Wirst auf und davon fliegen mit weit gespreizten Flügeln.

Stadt, in der ich lebe zwischen
gelben roten blauen Strassen
als ein bunter Vogel
immerfort zwitschernd
mit Millionen Menschen.

Zes Minuten 1979, New York

Sechs Minuten mit Appel

Minute eins
   Kaputter Mann
   Kopf schwebt
   als Lampion
   Finger wie
   fliegende Untertassen
   Körper liegend
   wie ein Bett im Gras

Minute zwei
   Der böse Mann
   speit lange
   Zunge aus
   Hut wie Raupe
   Krokodilsaugen
   die über zwei
   Planeten laufen

Minute drei
   Mann in Bewegung
   lauter Streifen
   Augen und Hände
   Blumen und Vögel
   es regnet Streifen

Minute vier
   Der Vogelmann
   auf seinem Kopfe sitzend
   der Vogel singt
   Mann ruht
   kein Blick

Minute fünf
   Der Blumenmann
   verbiestert blickend
   Mann erschrickt
   Blume wie Insekt
   fliegt Nase auf

Minute sechs
   Trompetenmann
   in grosser Hast
   bläst seine Trompete
   Mann tanzt
   Blume fliegt

Altijd drijvend 1980

Allzeit driftend

Nie war Friede so süss
war Regen so warm
war Geschmack milder
waren Gefühle so zart
und Augen so verträumt
seit du nicht mehr aufwachst

Tausend Jahre Tiefschlaf

Dein Leben ist ein schlafender Wartesaal – ohne Dach
bei Kerzenlicht unter dem tanzenden Himmel
dies ist die Linie deines Profils
und deine Träume zeichnen den Umriss der Raumfelder
und des leeren Himmels.

Another Rainy Day in Holland 1980

Noch so ein Regentag in Holland

Vielleicht gehen wir essen
und vielleicht stellen wir uns auch nur
einen Affen in Bluejeans vor
mit einer Flasche Gin

ich denke über die Geschichte
holländischer Windmühlen nach
– all das Wasser, all der Wind
mahlend und mahlend.
Nichts los heute
wie gefällt dir eigentlich
dein schmutziges Gedächtnis
glaubst du es macht dich noch zum Dichter?

gute Nachrichten, und was für Nachrichten
heute hat's wieder geknallt:
lauter Trug
immer mit der Ruhe, Max, immer mit der Ruhe.

7 Uhr
nasse Strassen
das Rot des Sonnenuntergangs
ein jeder isst seinen rohen Hering
vielleicht werden sie eines Tages
Makrelen essen

ich frage mich ob es je eine Zeit gab
vor dem Regen.

Bus Talk and Crazy Heaven 1980

Busschwatz und wahnsinniger Himmel

Mein Bauch ist wie ein Diamant
mein Bauch ist die Unendlichkeit
mein Bauch hat mehrere Schubladen
mein Bauch ist eine ruhige Strasse
bewegt sich eigentlich wie ein Fisch
sauer und traurig

mein Bauch ist schwer wie ein goldener Sturm
mein Bauch ist heiss wie ein sonniger Strand
wie junge nächtliche Liebe
mein Bauch ein Traum von morgen
er ist der siebente Himmel
ein fettes Paradies

mein Bauch ist Begehren ohne Ende
mein Bauch ist eine Lebensversicherung
er ist einfach alles
er ist einfach überall

mein Bauch ist ein kompletter Kreis
er läuft mit Lichtgeschwindigkeit
und er ist heisser als Dampf
und sein Durst ist grösser als ein Wasserfall
und er ist stärker als dein Schwanz

City Childhood 1980

Kindheit in der Stadt

Der Tag war voller Lieder
die Nacht voller Misere
du erinnerst dich an alles

komm wir essen eine Pizza mit Zwiebeln
oder wir nehmen ein Taxi
und schauen mal bei dir vorbei
bei dir – nackt wie du bist

nackt oder bekleidet
unter die Meute gemischt
im Schein des roten Neons
zwischen deinen nackten Beinen
nach Hause jetzt, für das Vergnügen
weich werden wie Wolken
verrückt und verrückter.

Copenhagen Harbour 1980

Der Hafen von Kopenhagen

Der Meister hat gesprochen
Tierkopf, Riesenauge
starrt dir ins Gesicht

bekämpf die Sonne
trink den Regen
das Meer ist durchgedreht
Wotan am Apparat

Wenn der Riese mit der Zunge züngelt
gehen die Schiffe
auf und ab
auf und ab
auf und ab
und die Berge sehen zu
mit tausend Augen
die in aqua vitae schwimmen.

Forgotten Angels 1980, New York

Vergessene Engel

Man empfindet nichts
als das anschwellende Licht
als hätte das Leben
seine Flügel vergessen

die Welt hat sich
aus einem schläfrigen Raum
in ein technologisches Zuchthaus verwandelt
in dem die Tonspur der Menschenrechte
die Nacht vollbrabbelt

ein Lächeln, ein einziges Engelslächeln vermöchte es
die Schatten auf dem Dach zu verbrennen
und liesse uns die Sterne
als Blumen sehen.

Korte herinneringen 1980

Kurzerinnerungen

Erinnere dich an die Rosen all deiner Liebhaber
erinnere dich an die Menschen wie Teekessel
die im Schlamm strampelten
erinnere dich an den Himmel
gestern über der Autobahn
wie geschlechtslose geräuschlose Trommeln
wir fahren schneller als die Schatten der Luft

du erinnerst dich an mich nicht mehr
mit wem
mit was
ich komme nicht
allein der Clown um sieben Uhr
und zieht dich am Schwanz

erinnere dich an den Autounfall
und die Blumen in meinem Garten
erinnere dich an das kristallene Fenster
– Plastikadern, weisses Blut –
erinnere dich an die Grenzen der Vergangenheit
die goldenen Erinnerungen.

Letter to my Street People 1980

Brief an die Leute in meiner Strasse

Leb wohl, meine Strasse
lebt wohl, meine Leute
leb wohl, du farbenfrohes Volk
ihr wart meine Propheten als ich jung war
und nun sag ich euch: lebt wohl

leb wohl, meine anmutige kleine Strasse
leb wohl, mein Lebenshalm
leb wohl, mein Hinterhof mit dem Gänseblümchenduft
lebt wohl, ihr Strassensänger

ich sehe zu den Sternen auf
sie sprechen die Sprache des Universums
ich sehe das Weltall in seiner Leere
ich sehe die Gipfel der Berge

leb wohl, magischer Ozean
leb wohl, weisser Sand
leb wohl, meine Geliebte
vertrauter Geruch deiner Haare
leb wohl
leb wohl.

The Mechanical Impressionist 1980, New York

Der mechanische Impressionist

Nah beisammen Winter und Sommer
nah beisammen Herbst und Laub
nah beisammen Regen und Schnee
nah beisammen Baum und Blumen
nah beisammen Himmel und See
nah beisammen Haut und Haut
nah beisammen Antlitz und Tränen
nah beisammen Leben und Liebe
nah beisammen Wolke und Klang
nah beisammen Trompete und Lippen
nah beisammen seine Augen und sein Schweiss
nah beisammen seine Hände und sein Rhythmus
nah beisammen sein Ohr und sein Freund

Rainwood Disco 1980

Regenwald-Disco

Der menschliche Geist
lies ihn auf, lies ihn auf
all die Launen eines Tags
lies sie auf
all deine Träume
lies sie auf, lies sie auf
alle Fehler, die du je gemacht hast
lies sie auf

– deine Lippen werden blau anlaufen wie der wolkenlose Himmel
dein Leben – eine unbemalte Leinwand
weiss wie die Sterne

bleib noch ein wenig
mein kleiner Schmetterling
meine süsse Kleine
deine niedlichen runden Füsse durcheilen den Himmel

hier ist das Lied aus
gehen wir schlafen
gute Nacht, hübscher Traum.

Waiting Room Is Her Name 1980

Wartesaal ist ihr Name

Wartesaal ist ihr Name
ich will nicht gleich hineingehen
mir geht es gut

ein Krokodil kam heute vorbei
ich sagte hallo
es sagte hallo
das hat mich geärgert

das Krokodil war wunderschön
viel schöner noch als Wartesaal
das Krokodil sagt hallo
gähnt
und geht schlafen

niemand sonst macht ein Auge zu
nur dieses verdammte Krokodil

Wounded Ocean 1980

Verwundeter Ozean

Versehrtes Wasser
wehklagendes Wasser
tiefrotes Wasser
das Meer ist verwundet
wie ein Eisberg
bluttriefend
das Meer ist versehrt

das Meer ist versehrt
die Stimme des Ozeans
wird nie mehr erklingen
nie mehr erklingen

wer hat den Wal getötet?

All Kindsa Ways 1981

Wie auch immer

Das Leben? Ich will es dir sagen
das Leben ist ein Lämpchen
das eines Tages deinen Händen entgleitet
und die Zukunftsperspektiven
gleichen einer vorbeischlüpfenden Qualle

Keiner weiss wie weit es ist
vom Leben bis zum Tod
vom Verstand zur Vernunft
vom Denken zum Fühlen
wer weiss sowas schon
was kümmert's dich noch
wenn du den Himmel nicht in die Tasche stecken kannst
als sei's eine Windmühle voller Sommertage
ach könnte man nur auf und davon laufen
vor diesem unserem Planeten
hinauf in den Liebeshimmel
mit einem putzigen Papagei auf dem Kopf

was die Wolkenkratzer betrifft
so wollen die doch nur
uns zusehen
wie wir auf der Strasse stehen
und sie anstarren
wie entgeisterte Affen
mir ist es einerlei
dir ist es einerlei
uns ist es einerlei.

A Donkey's Desire 1981

Esels Begierden

Wer du auch seist
gehe hin und küsse
küsse und küsse und küsse

ohne Ansehen
ohne zu fragen
unbekannterweise

lass deine Augen
aus jedem Bild
eine Welt fabrizieren

treib es mit allen

nicht immer mit denselben
Liebhabern
Denkern
Fremden
vergiss die Sorten

die Roten, die Grauen, die Grünen, die Blauen
die Schwarzen
die fetten Dickhäuter
und die dünnen Schlangen
du musst dein Leben ändern.

Funny Story, a Kind of Dream 1981

Komische Geschichte, wie im Traum

Für die guten Köpfe
für die schlechten Köpfe
ein Bild in Rot
ein Bild in Pink
etwas anderes geht vor
mit Lichtgeschwindigkeit
ein Steinvogel, eine Metallklaue
ein schwarzer Spiegel

was will der zweiköpfige Affe, der da
über meinen Kopf springt?

eine Ameise sucht per Fahrrad das Weite
tritt wie besessen in die Pedale
dein Körper lodert.

De koppensnellers 1981

Die Kopfjäger

Sie waren wild
denn die Köpfe rollten
und die assen daraus die Gehirne auf
sooft sie ausgingen
bei Nacht.

Sie wurden allesamt rund und durchsichtig
schnitten horrende Grimassen
im Dunkeln
mit ihrer glimmenden Haut.

Hin und wieder lachten sie
mit andern Menschen
und machten sich zeitig auf die Pirsch
fern von diesem finsteren Fleck.

De laatste herinnering van een klein bleek meisje aan het sterfbed van haar vader 1981
Die letzte Erinnerung eines kleinen bleichen Mädchens am Sterbebett seines Vaters

Für Harriet

Eben
ja jetzt gerade
kam dein kleines Lächeln durch deine
Schmerzen hindurch
als du mich erkanntest:
ein hoffnungsloses Warten, kampflos
ein hoffnungsloses Im-Sterben-Liegen
abgezehrt bis auf die Knochen
– und dennoch, dennoch –
ist die Empfindung wach und
bis zum letzten Augenblick
bis zur letzten Minute
dieses kleine zarte Lächeln
als du mich erkanntest
dieses helle winzige zarte Lachlächeln
als du mich erkanntest
dieses helle kleine frohe Gefühl
jetzt eben
vor einer Sekunde erst
als du mich erkanntest
das eben war soviel mehr
so zart
so verwundbar
dieser helle kleine Augenblick
so verbindend durch dieses Wiedererkennen
so beruhigend
und dennoch zugleich

dieser Abschied für immer
dieses Lebewohl für alle Zeiten
nie werde ich deine Stimme mehr hören
nie deine zarte Gegenwart mehr spüren
bloss dieses letzte Lächeln
als du mich erkanntest
dieses helle winzige zarte Lachlächeln
als du mich erkanntest
dieses helle kleine frohe Gefühl
jetzt eben
vor einer Sekunde erst
als du mich erkanntest
das eben war soviel mehr
so zart
so verwundbar
dieser helle kleine Augenblick
so verbindend durch dieses Wiedererkennen
so beruhigend
und dennoch, und zugleich
dieser Abschied für immer
dieses Lebewohl für alle Zeiten
nie werde ich deine Stimme mehr hören
nie deine zarte Gegenwart mehr spüren
bloss dieses letzte Lächeln
als du mich erkanntest

No Thank You to Yourself, it's so Elegant, it's so Lovely 1981

Nein danke meinerseits, es ist so elegant, so anmutig

Ich habe eine extreme Nahaufnahme von dir erwartet
lächelnd und mit den Worten: Ja, meine Damen, das ist
der Junge
ein Glamour-Kid mit dunkler Brille
das immer auf die Füsse fällt.
Die Strasse da vorn zweigt in den Sonnenuntergang ab
der Junge geht einfach weiter
er ist so dünnhäutig
wie Sonnenblumenblätter
ich habe nicht diesen Teint
bin nicht dein orange gegerbter Bruder
ich habe eher die Farbe des Himmels – immer changierend
immer lichterfüllt
Oh bitte – die Flamme lodert auf
siehst du das Barfuss-Licht deiner Seele
Ja, die Flitterwochen waren fast sowas wie ein Souvenir
nach all den einsamen Tagen und Albträumen.
Mir kommen allerlei Mädchen abhanden
die mit den grossartigen hysterischen Zähnen
ihr Mund sieht aus wie ein Hinterhof voller Diamanten
fern von hier fliegen die Babies zu Tausenden davon
durch den Spiegel ihres Traums
schau dir sein Gesicht an schau wie er dich anstaunt
schau sein zuckendes Spätnachmittagslächeln
schau ihre nackte Haut, kein Dummchen, die, kein Model
keine Küsserei, keine Kleider, kein Quatsch.

Also bis nächste Woche dann.
Ich danke dir, mein weisser Krokodilstraum
schau mal vorbei
bei dir selbst
und gib dir selbst die Hand, bewegungslos
schau und sieh dich an
also bis nächste Woche.

One Hot Summer Morning 1981

An einem heissen Sommermorgen

Bevor die Boote
auf den Strand gezogen wurden
sah ich diesen einen grossen Fisch
über einem der Decks hängen
und auf den Tod warten

zwei grosse runde Augen

er zuckte noch ein wenig
dann hielt er sich wieder still
am Ende der Angelschnur
mit dem Haken in seiner Lippe
und halbwegs durchs Gehirn

der Kerl der ihn geangelt hatte
verschwendete keinen Gedanken daran
schaute ungerührt aufs Wasser
und spuckte ein Stück feuchten Priem aus

ein anderer Fischer griff im Vorbeigehen
nach einem Messer
und trennte den Körper des Fischs
von seinem Kopf ab

so dass nur noch der Kopf dort hing
vollkommen reglos
und aus seinen grossen runden Augen starrte

Sentimental Saxophone 1981

Sentimentales Saxophon

Dein altes Saxophonherz zerspringt
von Melodien und fliegt
über die Heimwehberge weg
deine Lippen
weisse Äpfel scheinbar
verlangen nach Lust
Panik und Pein
liegen tief unten
im Mahlstrom deines Kopfs
heimkehren und sehen
wie das Gesicht der Sterne
die Landschaft in ein riesiges
kriechendes Krokodil verwandelt
dort oben auf den gelben Hügeln
macht ein Saxophon den Sound
eines wehmütigen Ozeans
– und die Flut weicht zurück
Vögel fliegen kreischend vorbei
und aus ihren Tränen
werden Wolken
müde von der Jagd nach früher
fragt der Tourist sich jetzt durch
zum Propheten mit dem goldenen Schwein

The Song of the Inner Voice 1981

Gesang der inneren Stimme

Lasst uns das Lied des wilden Mannes singen
das Lied vom wilden Mann
der auf dem Berge oben wohnt
von niemandem je erblickt

und so stimmen wir nun das Lied an
das Lied ohne Worte, das Lied ohne Ton

los jetzt
(stillsitzen für mindestens zehn Minuten)

Gut, das war's schon
der Gesang der inneren Stimme
das Lied vom wilden Mann

TV in Open Window 1981

Fernsehen durchs offene Fenster

Ich sah ein Messer
wie einen Blitzschlag
und dann den Blutsturm

ich sah einen schreienden Mund
und ein Messer im Tanz
mit einem freudigen Verbrechen
das genügt
alles okay
es ist nicht genug
es ist nicht okay

was ich mag
und immer mehr mag
und je lauter desto lieber
ist das Brummen des Bären

Beloofde Dagen 1982

Verheissene Tage

Ich kenne ein kleines und mächtiges Land im Himmel
– Planungsmaschine
Ich weiss dass ich das Geheimnis der goldenen Jahre nicht
mehr wahren kann
– Vergewaltigungsmaschine
Ich weiss dass ich ein Königreich auf meiner hölzernen
Krawatte sah
– mörderisches Beil
Ich weiss dass ich eine Atombombe im Hinterhof sah
– Unsterblichkeit und Frieden

Ja, ich kann nicht länger schweigen
ich sah sie in die Luft schiessen
Splitter wie ein weisses Kleenex
in seinem Gesicht

Ich sah gebrochene Augen fallen wie Schnee,
weggeschmolzen in Kaskaden
– Schlachthaus

Ja, die Psalmensänger bombardieren die Welt,
die Priester lächeln bei Tag
wie Wachhunde in der Nacht
– verheissenes Paradies.

De bloemen van het kwaad 1982

Die Blumen des Bösen

Rosa und weiss gestreifte Gefangene
wie Lagerblumen, Arbeitslagerblumen
schwankend auf hartem steinigem Boden
eingezäunt mit spitzem Stacheldraht
der bis aufs Blut geht
sie bewegen sich wie riesenhafte
spröde rosa und weisse Blumen
mit rauhem Herzen
erotisch behaart
wie giftiger Mohn
mit all dem Übel dem sie entsprungen sind
genannt Verbrechen – das zu Schönheit wird.

Dix poèmes de titre 1982

Zehn Titelgedichte

Der mechanische
Impressionist
mit seinen Ohren

Unterwegs ohne Mikrophon,
ohne Telephon,
auf dem Kamelrücken
im beigen Regenmantel

Die Zeit, nackt wie die Luft
wie der Himmel, wie das Wasser
wie ich selbst

Das Lied
der inneren
Stimme

Rede,
mein Bauch ist wie
ein ruhiger Vater

Sein Mund war
niedriger
als wir gedacht hätten
ohne das geringste
Geräusch von sich zu geben

Da sitzt der
Bauernsohn
und zählt sein Geld
bevor er sein ganzes
Beefsteak aufisst

Esels Begierden
auf dass deine Augen
aus jedem Bild
eine Welt machen

Springt eine Kuh
in den Fluss – platsch!
Springt eine Frau
in den Fluss – wow!

Dieser böse Mann
lässt eine lange Zunge hervorschnellen
Hut wie Raupe
und Krokodilsaugen
über zwei Planeten schreitend

Het jaar één 1982

Das Jahr eins

Der erste Wal erreichte Amerika im Jahr eins kurz vor dem ersten Regen.

Es gab zwei Bäume und einen Berg.
Der Berg war mit den Bäumen verheiratet.
Einer der Bäume erscheint geheimnisvoller als der andere
Der Wal begrüsst den Berg.
«Hier ist wohl seit Jahrmillionen nichts los.
Können Sie mir vielleicht weiterhelfen?» fragte der Wal.
Da schlüpft am Ufer gerade ein Mäuschen vorbei.
«Hallo, dageblieben! Nicht dass Sie mir auch noch von der Erde verschluckt werden!»
Der Wal wälzt sich eben mal kurz auf die andere Seite schon ist die Maus verschwunden.
Und nun ist es Zeit für einen Besuch bei der guten alten Nacht.

Portret van een melangolische gangster 1982

Portrait eines melancholischen Gangsters mit Barbarenkopf

Er ass Köpfe
vergrub Hände im Lehm
frass Gold, spie Diamanten
und schiss Blumen aus Eisen
weich wie die seidenen Schenkel eines Paradiesvogels

Seine Augen glühten sanft wie Mondschein
auf den ungestümen Wellen des Meers,
seine Haare peitschten wie ein wilder Sturm
über die Kornfelder,
er schwitzte wie ein Wolkenbruch.

Seine Schuhe waren aus dem Fels gemeisselt,
er rauchte Zigarren aus Borke
so lang wie der weisse Strand
wenn er sprach erzitterten die Felsen
und die Ozeane ergossen sich auf das Land
er steckte sich seine Zigarre mit Sonnengluten an
und pustete die Sterne vom Himmel.

Als er sich erhob setzte er
mit einem Schritt über den Ozean
und trat die Stadt
mit dem Absatz seiner Schuhe platt,
in seinen Händen hielt er Venus und Jupiter fest
und machte schwungvoll seine Morgengymnastik
fegte nebenbei sämtliche Planeten in der Umgebung weg.

De open nacht 1982

Offene Nacht

Das Dach war verschwunden – weggefegt vom Wind
Die Schatten der Sterne malten
die Fenster des eingestürzten Hauses
Der Mond schien auf die weissen Pferde
wie Spiegel am Strand
ab und zu im Kreis rennend
wie ein gespenstisches Karussell
Das Dach war verschwunden
Oh Glück die Sterne zu sehen

Samen 1982

Zusammen

Ich frage nicht nach deinem Namen
ich werde dir tausend Namen geben
deine neuen Namen geben mir ein Recht auf dich
und behutsam nehme ich die Namen wieder weg
ich brauche nichts mehr von dir.

Wir haben die Lichter der Nacht vergessen
und ohne den Sturm erlöschen sie allmählich
Doch der Mond scheint auf deine Blütenhaut
wie auf eine nackte Schneelandschaft in der Nacht.

Bleek is de maan 1985

Bleich ist der Mond

Bleich ist der Mond
schwarz ist die Nacht
das Bild
mit seinen weissen Händen
hat die roten Berge in Licht getaucht
grün sind die gefallenen Blätter
im Wasser.

De jaloerse schaduw 1986

Der eifersüchtige Schatten

Vor dem offenen Fenster steht der Teekessel
auf dem Tisch mit Augen gross wie Räder.
Der schwarze Schatten fällt längs des Tischfusses
auf den Boden, kriecht langsam
über den roten Teppich bis in die Zimmerecke
wo sie steht, nackt,
einen Finger in ihrer entblössten Scheide.
Unmerklich gleitet der Schatten
über ihre Schenkel wie ein eifersüchtiger Liebhaber
beraubt sie des Lichts
bis sie selbst zum Schatten wird.

Memories of a Maid for her Empty Doll 1986

Erinnerungen eines Mädchens an seine leere Puppe

Ich will über den fremden Ozean fahren
will deine seltsamen Augen sehen
will ein Lächeln von dir und sagen: Mutter

Wo ist das Mädchen in weisser Seide?
der verlorene Traum zerfiel im den Alltag
der Erinnerungen.
komm auf den Anfang zurück
und sieh das Licht durchs Fenster
im Sprechen, im Gehen, beschreibend
sie hörte das Geräusch
und nahm Reissaus – läuft
an den Meeresstrand
fremder Raum
Augen zusammen – geschlossen
beinahe für immer
ich erinnere mich daran, die Augen deiner Puppe
das Lied das ich dahinsinge.

De ontklede mens 10. März 1986

Der entkleidete Mensch

Erwachen
Hände reichen
schwarzer Himmel
die Felsen erzittern
es geht kein Wind
das Feuer ist tot
die Flamme nicht mehr zu entflammen
Kälte packt zu
schwer wiegen die Blätter
wie tot durch den Regen
starr vereist

weiss ist das Weiss des Landes
wie eine Schlafgestalt lag sie da
in der weissen Weisse des Landes
monumental
zart
eine Persönlichkeit
ohnmächtig in der weissen Landschaft
atemlos
vor einer absoluten Stille.

Het stille woud 10. März 1986

Der stille Wald

So wie der Duft des Abendlichts
den verschneiten Wald
das verschneite Abendlicht hören liess
so wie die weisse Stille
so wie das fallende Blatt
liess hören das Abendlicht
so wie die Stille den weissen blauen Boden
unter meinen Schritten hören liess
so wie die reglosen Bäume
standen die Zweige
so wie geheimnisvolle Gestalten
an den Boden genagelt
so wie endlose Fernen sich näherten
der weiss verschneite Hain
so wie eine weisse Nacht von vollkommen
ungreifbarer Bewegungslosigkeit.

Le paysage pétrifié 1986

Die versteinerte Landschaft

Die Felsen erzitterten, und doch
sang niemand, und in der
Ferne beschlagnahmte das Rot
die verblassenden Berge.
Der fette Laubfrosch sprang
– und war versteinert
wie ein Fels, doch blieb er grün
während das anthrazitene Land
sich mit Ocker überzog
im gelben Mondschein.

The Serious Child Without Resistance 1986

Das ernsthafte Kind ohne Widerstandskraft

Für mich
riecht der rote Baum
vor dem Haus deines Feindes
wer war er
– wer ist es?
leichter, changierend, Blumen bewegend
sich bewegend
hindurch bewegend
schau hinein
wo Engel
– Teufel in Holzhäusern die nach Knoblauch riechen –
vorbeigehen,
die stattlichen Fenster an der Strasse erhellend.

Zeit um zu warten, denn das Licht fällt aus jetzt
Wildnis
Dunkelheit
die Hitze hält sich
Strassenkonturen
verbotener Baum
Tausende von Jahren werden schläfrig
vielleicht
schwerer Baum
wen immer ich kenne
es gibt sie noch.

Pour Min Tanaka 3. Mai 1987

Für Min Tanaka

Urbarmacher der Bühne
so zu mehreren Körpern geworden
Bewegung Vogel
Triangelvogel
Fischvogel
Kreisvogel
ein Vogelaffe
zerbrichst du zwischen deinen Händen den Raum
steigst wie der Saft einer Pflanze
expressionistisches Interieur zur Beute
Zeitzertrümmerer.

Akt einer Jungfrau
eindringen
zerreissen
aufreissen das schwarze Gewand

Über den weissen Muskeln kracht die Haut
ich höre den Schweiss rinnen
und zerreisse das blasse Fleisch

Den Irren
abfangen
präsentieren
ausspielen
den inneren Irren
der Irre zerschneidet

Mal für Mal den Tag
selbstverstört wenn er
an seine Begierde stösst

Tigerkörper
Vogelkörper
Insektenkörper
antihumaner Körper
Anonymus-Körper
ein Körper wie Wolken
ein Körper wie eine Fontäne
ein Körper vom Lärm aufgebläht
ein Körper nach dem sich ein anderer verzehrt

Du bist schwarz wie die Flammen der Sonne
in der Nacht
die Haut eingehüllt in Schwarz und in Weiss
fahl wie die Bewegung
einer Wolke.

Das Unendliche und die sterblichen Überreste
wilde Süsse
ein Feuer gegen dich selbst
verrückter Expressionist
der davonfliegt
in allen Farben
dem Ozean entgegen.

Ode aan het rood 20. August 1988, San Michele di Pagana

Ode an das Rot

Ich habe das Rot gekannt
ich habe vom Rot gekostet
tief in meinem eigenen roten Blut
ich habe das Rot des Triumphs gekannt
in seiner ganzen Heftigkeit und Wollust

Oh grausame Freudensonne
das tiefe Rot des Haders,
zerrissener Purpur irdischen Gewimmers.

Ich habe das Rot vergewaltigt, habe gierig
davon getrunken in all seinen Schattierungen
bis in die feinsten Veräderungen meiner roten Seele
ich bin eins gewesen mit dem Rot des Horizonts,
eins mit dem blutrünstigen Erdball.

In meinem Gefühlsleben gibt es ein Verlangen nach dem
reinsten Rot:
mein Nervensystem ist rot
mein Gewebe ist rot
mein ganzes Wesen ist rot
das Urtier liegt auf dem Strand
wie eine zerbrochene rote Sonne
durchtränkt von dunkelrotem Blut
das Rot des Rufs nach Freiheit ist der Ruf nach Freiheit
die nach Freiheit rufende Stimme ist der diffuse Aufschrei
von Rot
in seiner Gebundenheit

die ungeheure Explosion,
die rote dunkle Ferne der Nacht,
die roten Äcker,
die sie mit ihren Händen, ihrem Mund, ihrem ganzen Körper
verschlingt wie eine Feuerkugel.

Ich höre dich,
der Wind taumelt, der Morgen bricht an, die Hitze zieht herauf
deine Wangen erröten – Augen weit offen
alles schwillt an, alles tobt
der wilde Aufruhr wälzt sich
das schrille Rot flammt auf
wie ein wütendes Tier voll Verlangen
Rot explodiert, es lodert in mir
mit einer dynamischen unbegreiflichen Kraft
– das eigentliche Wesen von Rot.
Mein ganzes Blut rast jetzt in Rot
mein ganzer Körper stürzt sich auf Rot
mit schmachtendem Verlangen wirft Rot sich in meine brodelnde Phantasie,
Rot hat mich überwältigt.

Rot loht, es brüllt
es geht mit mir durch, fällt über alles her.
Das blutige Rot zerbricht die Metallklauen
und zerreisst die tiefroten Adern des Tiers,
verborgen in immensen Lagerstätten im Gestein.
Der ewige Orgasmus von Angstphantasien und Wut,

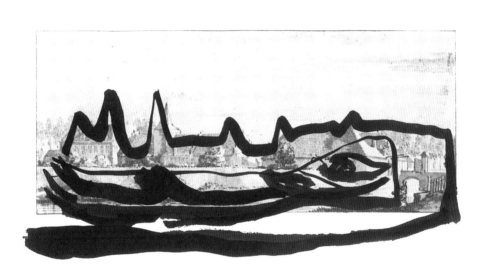

Sperma speiend
aus den Eingeweiden der verstümmelten roten Erde.
Hedahallo, lass das Blut mal stocken
und he du, holla, halt deinen Purpur zurück.

Tief in deiner Scheide fliesst das Rot über, aufgerissen,
blau geworden
– mörderische Vergewaltigung –
über das weiche Fleisch ihrer Schenkel.

Blutrünstige Dynamik
tiefstes Rot ergiesst sich in meine Blutbahnen
denn das satanische Tier trinkt Rot
stärker als Blut, greller als das Rot der Sonne
denn ein Wahnsinnsrot geilt den Lebenssaft auf,
wird des roten Blutes Sklave,
denn das Rotfieber verschlingt die Liebe
wie ein Beilhieb.

Dies nun gehört der Vergangenheit an
rote Lichter in alten Grachtenhäusern
rote Lippen und, oh, Tränen in blauen Augen
gepackt von rohen Händen
durch die verschneiten Fenster hörte man
das geile Lustgestöhn
eines unnötig Gefolterten.

Ich zwinge das Rot noch einmal
zwinge
das Rot des Raums
das Rot der Sonne

des Mondes
des Tages
mich daran betrinkend, schreiend, kreischend
rot rot rot

male die Landschaft rot
die Bäume rot
den Himmel rot
das Wasser rot
Van Goghs Strudel von Rot
das Rot eines Matisse
Rothkos mystisches Rot
Soutines qualvolles Rot
denn das Malerrot
ist Teil einer Raserei, seiner Wut
seiner Grausamkeit
einer fleischlichen Furcht vor dem Rot
des Malers Orgasmus
des Nicht-Ewigseins.

Dit is je huis waar je toebehoort 23. August 1989
Dies ist das Haus zu dem du gehörst

Für Harriet

Dies ist dein Haus
Dies ist das Haus
zu dem du gehörst
wo dir der Geruch der Farbe entgegenschlägt
wo die leuchtenden Farben dich umarmen
dies ist der Ort an den du gehörst
mit dem du soviele Jahre geteilt und erlebt hast
dies ist der Hof auf den du gehörst
von dem aus dir der Freiheitsruf der Farben
nachfolgt über die ganze Erde
dies ist das Land zu dem du gehörst
das Land deines Lebens
das Land der Farben und Formen
wo die Gefühle dominieren
wo das Unsichtbare sichtbar wird
und das Unmögliche möglich
wo Erneuerung Liebe und Verlangen
Wirklichkeit werden
und sollte die Welt untergehen
dann wird sie untergehen mit all diesen
unsichtbaren Gefühlen
und sollten die andern Planeten
von der Existenz all dessen nichts wissen
dann kehre zurück in dieses wundervolle Leben
und du wirst empfangen werden als ein Engel
der sich niederlässt auf dieser Welt
aus Stoff und Empfindung

und du wirst von neuem deine Geisteskraft
zu kreativer Tätigkeit verwenden
kehre heim in den grossen Speicher der
Dichtkunst und der Malerei
und auf dem Hof wird getanzt werden
und gesungen zur Feier der Heimkehr dieses Engels
mit seinen von Liebe erfüllten Augen
und ich werde dich küssen
der Kuss der zu den unausgesprochenen Worten gehört
der Kuss der Fassungslosigkeit
der Kuss der Verwunderung
der Kuss des ewigen Seins.

An Abandoned Flight 1. September 1989, Mercatale, Italien

Ein aufgegebener Flug

Dies ist die Nacht der du angehörst
eine verzweifelte Hingabe
aufragend über die glühenden Nächte
Tagelang dampfte das Dunkel vor sich hin
und als es endete
war es ein aufgegebener Flug

Ich habe es sichtbar gemacht, um es unsichtbar zu lassen.

...and now I want to talk about Willem de Kooning **Februar 1990**

...und nun will ich über Willem de Kooning sprechen

Willem de Kooning, so sagt man, verlor sein Gedächtnis.
Er verlor sein weltliches Gedächtnis.
Er vergass die Namen der Leute, er vergass ihre Gesichter.
Er vergass die Vereinbarungen der Welt.
Das ist einer der Gründe dafür, dass er wie ein wirklicher Maler malt.

Willem de Kooning hat unseren Planeten bereits verlassen
Er ist weit weg, aber sein Geist ist immer noch in seinem Körper.
Er malt die Erleuchtung durch das Licht,
die universale Erleuchtung durch das Licht.

Und seine Malerei ist wie der Wind
wie eine Brise, die die Farbe über die Leinwand weht
so unwirklich, so frei und fern von allem
weltlichen Leben.

Er gleicht einem Engel
der für eine kurze Zeit über diesem Planeten schwebt
und mit seinen Flügeln die Leinwand berührt.

Eben das hat er getan, eben das tut er in diesen letzten Jahren.
Er ist der einzige Maler, der so malt.
In gewissem Sinn ist es sein Glück
dass er sein Gedächtnis verloren hat.

Er kann sich vollkommen in seine Arbeit versenken.
Und daher malt er nun Meisterwerke
aus Linien und Bewegungen
wie der Wind, wie das Meer, wie das Licht, wie die Sonne,
wie der Mond,
weit weg von allem, ohne irgendein Bild
durch nichts als die universale Erleuchtung durch das
Licht.

Aus diesem Grund ist er einer der grossen
Künstler unserer Zeit.
Er rührt tief an das Geheimnis unseres Innenlebens.

Es ist ein Sieg
über die Zivilisation,
ihr absolutes Ende
und zugleich ihre Erneuerung.
Es ist ein Dazwischen:
vollkommen losgelöst
vom Bild der Zivilisation.
Es ist ein Himmelsklang
es ist ein Sieg
des Menschen
der es so weit bringt
mit menschlicher Schöpferkraft.

Untitled 14. März 1991

Ohne Titel

Jedes Ladenfenster
hat Begierdeaugen
die dich ansehen
und die mich ansehen
die jeden ansehen
die deinen Magen füllen
deine Augen füllen
dein Gehirn füllen
Strassen wie Staubsauger
lassen dich nie los
endlose Stadtbegierden
wenn die Nächte
vor deinen Armen tanzen
Die Nacht ist deine Geliebte
die Nacht ist die Geliebte
unzähliger Betten
die Nacht ist die Geliebte
unzähliger Schummerbars
und dunkler leichter Liebe
Die Strasse, der Wind
der Regen, hie und da
eine Stadtbrache
zwischen
finster starrenden Mauern
wo die Leute sich lieben
inmitten wilder Gräser
und der wilden Katzen.

O, sentimenteel hart 9. Januar 1993

Oh empfindsames Herz

Oh empfindsames Herz
erfüllt vom Verlangen nach
den Früchten der Liebeslust

Ich stimuliere kaltblütig
zu schmerzlichen Fleischeswonnen
zwecks sexueller Missetat
um durch Schmerz zu töten
den Schrecknissen süsser Lust zuliebe
durchfurcht von kalten Schauern
in meinen Adern.

Oh barbarisches Verlangen
nach dem göttlichen Vergnügen
infolge von Anwandlungen ohne Grund und Anlass
bar aller Zärtlichkeit
ganz unbedrängt
doch ohne Arg
aus der Tiefe des Mutterschosses heraus
nur ist man ja plötzlich kein Kind mehr.

Ich beschwöre diese Gefühle herauf in der verzweifelten
Bemühung die ungestümen Wellen der Meere
zu bändigen – vergeblich – bevor diese geknickte Seele
stirbt.

Het spinnenweb van de tijdloze beweging van de oceanen 1993

Das Spinngewebe der zeitlosen Bewegung der Ozeane

Ich will zu meiner Geliebten gehen
ich gehe hier weg
obschon ich weiss
dass ich dort lediglich
eine vergangene Liebe
finden werde, aber doch eine Liebe
die ich einst sehr mochte

So werde ich vergangene
Liebesgefühle
wiedererleben
die ich sehr mag

Jede Faser in mir
spricht von einem Leben
das feurig gelebt wurde
von einem leidenschaftlichen Glauben
an die eigene Kraft und Wahrheit

Und ich weiss im voraus
dass ich meiner Geliebten
in die Arme fallen
und sie küssen werde
und dass ich meine Tränen

nicht werde bezwingen können
aber zugleich weiss ich
tief in meinem Herzen
dass alles seit langem
vorbei ist
und damit
hat sich's.

De krijsende oceanen September 1993

Die gellenden Ozeane

Die gellenden Ozeane,
das wilde Geschrei der Hafenviertel
das heftige leibhaftige Gestöhn in der Ferne
der unbestimmte Ruf im grellen Licht
der geborstenen Morgensonne.

Die unerhörten Stimmen, vergiftet
in ihren besudelten Seelen,
der ungestalte Schrei
in den Gefilden des heftigen Lichts
scheint aus den Eingeweiden
des Himmels zu erklingen
des Himmels voll tiefschwarzer Wolken
erstarrter Lava gleich in der dunkelroten Nacht.

Der versteinerte Kuss, aus Eisen gehauen
der Kuss des stählernen Herzens
wie das Knarren einer alten Maschine
die sich in Bewegung setzt
wie rostige Stimmen
in den roten Gewässern
der Vergangenheit.
Mein Erwachen erwächst aus steinerner Nacht
das Morgenlicht mit geschwellten Adern
das aufwallende Blut schiesst über das körperlose Feld

Auswürfe meiner brodelnden Phantasie
– wütend, bösartig –
rasender Geschlechtstrieb meiner Einbildung
rauhe Felsen wie aus Eisen gehauen
die aufprallen und schon kommt's ihnen
wie einem Mann oder einer Frau,
so wie Menschen gemeisselt wurden
aus Marmor kopflose Statuen
gekettet an ihr Schicksal
Gedenksäulen an die Sklaverei früherer Zeiten
der Orgasmus in Blattgold gehüllt
gemartert von langwieriger Zivilisierung.

Wir spucken auf Belohnung durch das neue Leben
der Gekreuzigten ohne Orgasmus
ohne Rückgrat
ohne Penis
der Gefangenen des friedlichen Daseins
mit passivem Höhepunkt.

Schrauben wir die Haut fest
um gewappnet zu sein gegen die Blutsauger
die sich an meine Adern heranmachen.

Aan mijn dierbare vriend Lucebert New York, 14. Mai 1994
An meinen lieben Freund Lucebert

Für Tony

Auf einmal stand die tosende Brandung des Lebens vor
mir still
als ich vorhin hörte
dass die Stimme eines Engels unseren Planeten verlassen
hat
und heimgekehrt ist
in die ewigen Gefilde des Geistes
die er so gut kannte
und uns jeden Tag
Schönheit vernehmen liess
in Form seiner Gedichte
und durch seine Stimme
die den geflügelten Worten
in unseren Adern ein Nest baute.

Love Dream 25. Oktober 1994

Liebestraum

Weit hinauf in den Himmel
krochen wir
auf den Wolken der Liebe
unsere Herzen
an deine Lippen genagelt
und diese, ein Weinberg
voller Lämpchen
wie Tausende von Monden
rund um die Erde

Ich komponiere die Luft
zu einem Lied um deine Ohren
wie ein verliebter Wind

Alle Blumen die es gibt
machen mit dir Liebe
tausendfingrig auf deinem Körper
meine Zunge isst alle Farben
von deinem Mund
und das Abendrot deiner Lippen
küsst meine Brust.

Zij was gewond 1994

Sie war verwundet

Sie war verwundet wie ein Vogel
und fiel nieder auf die Erde
in der dunklen Furcht vor dem Alltag
der die gewöhnlichen Menschen damit beschäftigt hält
das reine unbehaarte Lustfleisch weiss zu waschen
auf dass es nicht stinke

Sie bewegte sich wie im Liebestaumel
über das verlassene Gaswerkgelände
als liessen die alten Leitungsmündungen weiterhin ihre Gase entweichen
wie fauligen Knoblauchgestank
dabei war das rote Blut schwarz geworden, verrottet
wie ein Haufen Scheisse, Pisse und Sperma
an den Aussenkanten der Mündungen
und aus dem stinkenden Boden
streckten die alten Würmer ihre Köpfe

Das alles geschah vor langer Zeit
mit einem vergessenen Messer
wie ein nicht ausgeführtes Verbrechen, ein nie verübter Terrorakt
während die Stimme des jungen Mädchens durch
ihr Rufen immer reiner wurde
und ihre zarte Begierde im endlosen Abendlicht aufging
– durch nichts als ihre Stimme.

De grote meester van de stilte 29. September 1996

Der grosse Meister der Stille

Du bist weit weg
weit weit weg
wie eine starke Hand in stiller Nacht
in der die Stille der grosse Meister ist
und die Einsamkeit diese Stille durchbricht
als wären es die Gesänge deiner Gedichte
die Worte deiner Stimme
aber das alles ist nun vorbei
so wie das ferne Rauschen
eines Winds der sich gelegt hat
so wie nun – räumliche Umarmung
in der Ferne irrt ein Punkt in einem Fensterrahmen
gekrümmte Fläche – im Nichts
so wie das Abendlicht irgendwohin
verschwindet
im leuchtenden Blau der Nacht
ohne Ende ohne Beginn
in absoluter Verlassenheit.

Inhalt

Avertissement 5

Karel Appel: Gedichte

Liebe 7
Verlorene Liebe 8
Die neureiche Nacht 9
Das rote Mädchen 10
Nacht Licht Frau 11
Das Estrichlicht 12
Anfang und Zersetzung 14
Denkender Raum 15
Elektrische Nacht 15
Hungerwinter 16
Die eiserne Nacht 17
Das Kristallfenster 18
Irres Geschwätz 21
Klage der Steine 22
Strassengedicht 22
Flug der Frauen 23
Kriegerischer Vogel 25
Verrückter Vogel 25
Goldener Vogel 25
Glühender Vogel 26
Spielzeugvogel 26
Sentimentaler Vogel 28
Einsamer Vogel 28
Amsterdam 29
Manhattan 32
Sechs Minuten mit Appel 33
Allzeit driftend 36

Noch so ein Regentag in Holland	37
Busschwatz und wahnsinniger Himmel	38
Kindheit in der Stadt	39
Der Hafen von Kopenhagen	40
Vergessene Engel	42
Kurzerinnerungen	43
Brief an die Leute in meiner Strasse	44
Der mechanische Impressionist	45
Regenwald-Disco	46
Wartesaal ist ihr Name	47
Verwundeter Ozean	49
Wie auch immer	50
Esels Begierden	51
Komische Geschichte, wie im Traum	52
Die Kopfjäger	53
Für Harriet	54
Nein danke meinerseits, es ist so elegant, so anmutig	57
An einem heissen Sommermorgen	59
Sentimentales Saxophon	60
Gesang der inneren Stimme	61
Fernsehen durchs offene Fenster	63
Verheissene Tage	64
Die Blumen des Bösen	65
Zehn Titelgedichte	66
Das Jahr eins	68
Portrait eines melancholischen Gangsters mit Barbarenkopf	70
Offene Nacht	71
Zusammen	71
Bleich ist der Mond	72

Der eifersüchtige Schatten	72
Erinnerungen eines Mädchens an seine leere Puppe	73
Der entkleidete Mensch	74
Der stille Wald	75
Die versteinerte Landschaft	77
Das ernsthafte Kind ohne Widerstandskraft	78
Für Min Tanaka	79
Ode an das Rot	81
Für Harriet	86
Ein aufgegebener Flug	87
... und nun will ich über Willem de Kooning sprechen	88
Ohne Titel	90
Oh empfindsames Herz	91
Das Spinngewebe der zeitlosen Bewegung der Ozeane	93
Die gellenden Ozeane	95
Für Tony	97
Liebestraum	98
Sie war verwundet	99
Der grosse Meister der Stille	100

Karel Appel, Maler, Bildhauer und Poet, wurde 1921 in Amsterdam geboren. Er war Mitbegründer der holländisch-dänisch-belgischen Kümstlergruppe CoBrA in den fünfziger Jahren und später auch an der Art Informel in Paris beteiligt. Sein Werk ist in den Sammlungen von Museen in der ganzen Welt vertreten. Appel lebt und arbeitet in New York, Monaco, Italien und Amsterdam.

Die Abbildungen im vorliegenden Buch
entnahmen wir dem von Karel Appel
überarbeiteten Ausstellungskatalog
«Jan de Beijer (1703–1780)»,
Venlo 1980.

Unser Dank gilt:

Appel Foundation, Amsterdam
...
Harriet Visscher
...
Karel Appel

© Verlag Gachnang & Springer AG, Bern 2000
© der Abbildungen: Karel Appel by ProLitteris,
CH-8033 Zürich 2000

Fotolithos: ProLith AG, Bern
Gestaltung: Peter Sennhauser, Stämpfli AG, Grafisches Unternehmen Bern
Gesamtherstellung: Stämpfli AG, Grafisches Unternehmen Bern

Printed in Switzerland

ISBN 3-906127-61-3

Weitere Bücher zu Karel Appel im Verlag Gachnang & Springer

Jean-François LYOTARD

KAREL APPEL: EIN FARBGESTUS

Essay zur Kunst Karel Appels
aus dem Französischen von Jessica Beer

184 Seiten, 19,5 x 24,5 cm, leinengebunden
58 farbige Abbildungen von Gemälden Karel Appels,
begleitend ausgewählt vom Autor
SFr. 75.– / DM 78.–, ISBN 3-906127-53-2

«Der Gestus braucht keine Schule zu seiner Verteidigung, er braucht die Abwesenheit jeder Schule zu seiner Verwirklichung. Wie hätte Appel da dem Eifer zustimmen können, mit dem etwa Jorn, Constant oder Dotremont Vorschriften und Verbote erliessen? Wenn es im grossen Farbtier einen Zorn gibt, der niemals verraucht, so ist es der gegen seine eigene Unfähigkeit; die Scharmützel des Grüppchens lassen ihn vollkommen kühl.»

Karel Appel

PSYCHOPATHOLOGISCHES NOTIZBUCH

Zeichnungen und Gouachen 1948–1950
mit Beiträgen von Donald Kuspit, Rudi Fuchs und Johannes Gachnang

200 Seiten, 132 farbige Abbildungen,
24,5 x 34,1 cm, SFr. 180.– / DM 200.–
ISBN 3-906127-52-4

Karel Appels Psychopathologisches Notizbuch mit seinen 132 Zeichnungen und Gouachen aus den Jahren 1948-1950, gehört zu den ersten bedeutenden Werken europäischer Kunst unmittelbar nach dem zweiten Weltkrieg. Die Zeichnungen blieben geschlossen im Besitz des Künstlers und sind, mit Ausnahme der Ausstellung «Parallel Visions» in Los Angeles 1992, bisher noch nicht öffentlich gezeigt worden. Das Notizbuch ist ein bemerkenswertes Beispiel für einen anhaltenden kreativen Prozess. Appel fixiert sich auf seine Themen, bleibt ihnen gegenüber jedoch ungewöhnlich aufgeschlossen.